EXPOSITION

TH. RIBOT

DEUXIÈME SÉRIE

Galerie Bernheim Jeune

EXPOSITION

T. RIBOT

PARIS — IMPRIMERIE DE L'ART

E. MÉNARD ET Cⁱᵉ, 41, RUE DE LA VICTOIRE

EXPOSITION

T. RIBOT

CATALOGUE RAISONNÉ

DES

OEUVRES EXPOSÉES

DEUXIÈME SÉRIE

GALERIE BERNHEIM JEUNE

8, RUE LAFFITTE, 8

—

JUIN-JUILLET 188.

PRÉFACE

La présente exposition de tableaux et dessins de M. Théodule Ribot est la suite logique de celle ouverte le 12 mai 1887 dans la même galerie; elle réunit aux productions nouvelles du maître de Colombes d'autres remontant à la première partie de sa carrière et peu connues de la génération actuelle. Les applaudissements enthousiastes rencontrés au Salon du Champ de Mars, avec un choix d'ouvrages forcément restreint, ont donné à penser que le moment était propice pour en prolonger la résonance et montrer ici tout au large, sans réticences de preuves « cet exemple d'une maîtrise qui, prenant chaque jour plus d'ampleur, appelle par sa liberté le souvenir des belles et grandissantes audaces de Franz Hals et de Rembrandt ». D'autre part, nous n'avons oublié ni le succès d'il y a trois ans, ni la faveur accordée de tous temps par la critique aux manifestations de cet admirable talent, c'est-à-dire l'intérêt que témoignèrent dès l'origine à M. Ribot Thoré, Théophile Gautier, MM. Philippe Burty, Paul Mantz, Émile Cardon, Hoschedé, et qui, chez tant de grands écrivains d'art et chroniqueurs d'aujourd'hui, s'est continué aussi chaleureux, comme l'attestent les comptes rendus de l'Exposition de 1887, dont quelques extraits seront cités en guise de préface. — B. J.

Lors du banquet qui lui fut offert, voici trois ans, par les admirateurs de son caractère et de son talent, le grand artiste qui nous reçoit aujourd'hui répondit aux discours prononcés en son honneur par ces simples mots, — véritable profession de foi d'un maître : « Messieurs, je bois à l'art, à l'art que j'aime; je bois à Corot, à Manet, à Courbet, à Millet. » Ce souvenir devait être évoqué à cet instant où un égal enthousiasme accueille les expositions, simultanément ouvertes, des œuvres de Millet et de

Ribot, et où l'on confond, dans une même célébrité, les noms de l'auteur de *l'Angelus*
et du peintre du *Saint Sébastien*.

La portée significative de ces hautes manifestations d'art ne saurait échapper non
plus que la leçon qui s'en dégage : rien ne vaut hormis ce qui est personnel, hormis
la création propre d'une individualité fortement établie; l'avenir appartient à ceux qui
suivent librement leur instinct, sans souci des doctrines ou des traditions routinières. Peu
importe qu'on les conspue, qu'on les tienne à l'écart, tôt ou tard ils s'imposent et
dominent dans l'École. L'histoire, qui comptera Millet et Ribot parmi nos gloires les
plus pures, gardera-t-elle, sauf pour railler, la mémoire des immortels qui ont interdit
l'entrée des Salons à des chefs-d'œuvre.

Tandis que l'œuvre du rude poète des champs revit à l'École des Beaux-Arts,
M. Bernheim montre dans sa galerie de la rue Laffitte cent cinquante tableaux ou dessins de Ribot, — vingt années de la carrière du peintre, — et il faut louer l'expert, péné-
trant et compréhensif, promoteur de cette exposition, d'avoir apprécié l'importance de
la manifestation d'art à laquelle il allait en quelque sorte attacher son nom, de n'avoir
rien négligé pour en assurer le succès et en relever l'éclat. . . . .

. . . .

Établissons que Ribot est excellemment physionomiste, doué d'une faculté d'analyse
très pénétrante, qu'il sait consigner avec une rare sûreté son observation. L'humanité
l'intéresse et il prend plaisir à en fixer l'image partout, et quand bon lui semble; de là
l'infinie variété de son œuvre, de là aussi l'aisance avec laquelle il reproduit les types les
plus opposés : la jeunesse et l'âge mûr, l'aristocratie et le peuple, le grand seigneur et
le mendiant, la femme de la ville et celle des champs. Quitte-t-on le portraitiste, un
peintre de genre apparaît, toujours aussi véridique et aussi sincère, le peintre des *Cuisiniers* surpris auprès de leurs fourneaux, en action de leur métier, le peintre des *Conférences*, auxquelles assistent des Bretonnes gravement attentives, et des *Calvaires* où des
femmes prient, en longs habits de deuil. Comme pour former opposition avec ces
tableaux enveloppés dans les fines clartés d'un jour tamisé, voici des natures mortes,
d'un relief saisissant, presque violent, *la Gibecière*, le *Colimaçon*, les *Côtelettes*, le
Gigot, — s'il faut en désigner quelques-unes, — où les objets prennent, sous la main
énergique, volontaire et toute-puissante du maître, une consistance, une intensité de
réalité incroyables.

Ainsi Ribot réussit à se varier, se montre tour à tour tendre, sévère ou brutal,
et sait plier sa manière au gré de son sujet. Dans ses étonnants dessins, reconnais-
sables entre tous, on le voit employer les procédés les plus divers et tirer de chacun
d'eux — plume, crayon ou lavis à l'encre de Chine — des ressources imprévues, igno-
rées. Pour tout dire, il n'est pas jusqu'à la moindre indication, la plus légère croquade
qui ne porte la marque d'une originalité profonde, faite de science et d'indépendance...

Roger Marx.

C'est dans une exposition personnelle, présentant un ensemble varié d'œuvres
signées du même nom, qu'on peut vraiment juger de la force d'un artiste. Je ne sais
point, pour un peintre, de plus redoutable épreuve : mais l'auteur de *la Comptabilité*,

du *Saint Sébastien* du musée du Luxembourg, et de *la Toilette des petites filles*, l'a déjà subie avec honneur en 1878 et il a bien raison de l'affronter encore. Si quelqu'un a droit, à l'heure qu'il est, au titre de maître peintre, c'est assurément lui. On ne lui voit point d'égal, parmi les vivants, pour la puissance de l'exécution, pour la rude et robuste franchise. Après une existence de lutte obstinée, durant laquelle il n'a pas eu à se reprocher une seule minute de défaillance, le succès lui est venu, un succès hautain et sans banalité, digne de ses longs efforts. Aujourd'hui, le respect l'entoure et l'avenir ne lui ravira point la place qu'il s'est conquise.

L'auteur de *la Mère Morieu* et des *Cuisiniers* est de la lignée des Hals, des Rembrandt et des Ribera ; mais on lui reconnaît, par surcroît, des traits de parenté avec Chardin, dans la nature morte et certains sujets familiers. On admirera à l'exposition de la rue Laffitte des échantillons de ses diverses manières de peindre — et quelques-uns sont des chefs-d'œuvre. Je citerai notamment le fier portrait de M. de Kerkhove et celui de la sœur du maître : figure incomparable de vie profonde et de simplicité ; des scènes de mœurs, des natures mortes, en particulier un rayonnant gigot... Rien n'égale l'intensité de ces visions de réalité arrachées à la toile ombrée de noir ; mais selon le mot de Paul de Saint-Victor, traitée de la sorte, *l'ombre est une magie*.

DE FOURCAUD.

J'ai visité l'exposition de M. Ribot à la tombée du jour, sortant de chez Millet, l'œil encore plein de ses campagnes claires, de l'illumination de ses couchers de soleil, de la transparence de ses brouillards. J'ai eu la sensation que je descendais dans une basse-fosse, dans une oubliette, dans une géhenne, dans un cercle de l'enfer du Dante, dans un lieu d'ombre où des prisonniers souffrent. Et non point de la douleur révoltée qui se tord en mouvements tragiques, en spasmes de théâtre ; toutes ces apparitions sont silencieuses ; les vieilles femmes ont leurs mains croisées sur le ventre, les bras croisés dans des attitudes recueillies, des voiles noirs leur couvrent la tête, les épaules, noient les corps dans les plis du deuil : les feutres à grands bords, les capuchons de moine jettent de l'ombre sur les visages d'hommes. Et sur ces faces douloureuses, sillonnées de rides comme des terres en labour, pèsent une tristesse, une résignation insondables ; ils ont tous, ces personnages de Ribot, la mort aux dents, un cri muet dans leurs bouches entr'ouvertes, une protestation contre la souffrance humaine.

Tout à l'heure j'appelais ces portraits des apparitions ; c'est bien le mot propre. Qu'ils représentent une casserole, une pomme, un gigot ou des faces humaines, les tableaux de Ribot ont avant tout ce caractère : une évocation de réalité. Et ils causent cette impression non pas seulement parce que le peintre met dans chacune de ses toiles une parcelle de son âme ; cela tient aussi à sa méthode d'exécution. Là, où dans son atelier la lumière est le plus intense, il campe le sujet ou l'objet qu'il va peindre : il se place tout contre lui, il veut l'avoir dans l'œil, il veut en être possédé, il veut changer d'âme, de personnalité avec son modèle, au moins — qu'il peigne une vieille campagnarde ou un pot de grès — il veut atteindre, saisir, fixer l'individualité de ce modèle, ses traits saillants, sa lumière particulière, les nuances qui font de lui un être ou un

objet à part, unique, sans Sosie dans la création. Il n'a point d'ailleurs la curiosité des
types élégants ni le souci des virtuosités de palette. Il est seulement préoccupé d'ex-
primer la personnalité substantielle des sujets et des objets.

HUGUES LE ROUX

L'ouverture du Salon a été le signal d'expositions simultanées où la foule s'est
empressée avec une curiosité ardente. Le prestige de la peinture au Palais de l'Industrie
a pâli auprès des révélations de Millet et de Ribot, offertes à l'École des Beaux-Arts et
dans la galerie de Bernheim jeune. La vogue est acquise aux deux grands artistes
méconnus, et le bourgeois leur fait fête dans la fierté de son opposition nouvelle à
l'art des académies, aux doctrines de l'Institut. Millet est célébré sur tous les tons, et
ceux qui, le moins aptes à comprendre son génie simple et robuste, suivent le courant
de la mode, affectent de tomber en extase devant ces toiles qui sont de l'hébreu pour
eux. Vienne un artiste contemporain comme Bonvin, d'une objectivité supérieure à son
milieu, il sera dédaigné, bafoué et mourra peut-être misérable. Mais sitôt mort, il
passera Dieu ; ses reliques, proie du marchand vénal, seront vendues au poids de
l'or, et chacun voudra concourir « à lui dresser une statue pour la gloire du genre
humain ».

Cependant Ribot, vivant, commence à entrer dans la gloire. Le vieux maître attire
la foule autour de ses compositions admirables et un sourire meurtrier ne monte plus aux
lèvres des Béotiens lorsqu'on répète devant eux : « L'École française compte un maître
continuateur de Ribera, de Velazquez, de Rembrandt et de Franz Hals : il a nom
Théodule Ribot et il occupe une place dans la magnifique pléiade des immortels de ce
siècle, à côté de Millet, de Daubigny, de Corot, de Courbet et de Manet. »

Parmi les superbes morceaux exposés à la galerie Bernheim, l'un m'a surtout
frappé par sa touche large et puissante, par sa simplicité et son pittoresque ; c'est le
portrait du garçon d'atelier du maître. Il palpite de vie intense, de vérité, il donne la
sensation d'une ressemblance parfaite et, en même temps, il s'élève à l'idée générale
d'un type où l'être humain, dans son essence absolue, se substitue à la personnalité
étroite du modèle. Je ne pouvais détacher mes yeux de cette vision admirable, et tous
mes errements à travers la galerie me ramenaient devant la toile élue. Et j'ai encore
dans mes yeux cette image si lumineuse et si profonde, cette humanité vivante et
éternelle. J'en ai comme la hantise.

Dans la gradation des œuvres exposées apparaît le progrès du maître, la marche
glorieuse à la conquête d'un art sobre et vibrant, à la fois original et simple, et sûr de
lui-même. Si, dans le pittoresque et l'étrangeté des premiers ouvrages, il y a quelque
chose de violent, de tourmenté, et peut-être de voulu, l'artiste est maintenant parvenu
à la pleine possession de son génie, à une facture énergique, large et sereine, d'une
simplicité et d'une nouveauté merveilleuses.

Aujourd'hui que la valeur d'une œuvre se réduit, pour le grand nombre des badauds,
à son estime vénale, et que ce qui les frappe surtout dans l'*Angelus* de Millet, c'est le
demi-million offert, auprès des quinze cents francs payés au peintre, j'en arrive malgré

moi à considérer le prix des tableaux de Ribot. Eh bien ! l'amateur intelligent qui saurait choisir et acquérir une demi-douzaine de ces tableaux devrait, avant dix ans, deux
fois décupler son enchère. Bien heureux les riches qui peuvent m'entendre.

De cette exposition particulière, j'ai fait un retour vers le *Saint Sébastien martyr*,
l'honneur du Salon de 1865, qui est au musée du Luxembourg. Ce fut une révélation
pour l'époque que le retour à la nature et à la vérité dans un sujet religieux. Les saints,
même à la torture, étaient présentés sous un aspect aimable et souriant, — des jeunes
élégants qui, frais et parfumés, sortaient de chez le coiffeur pour se coucher sur le
chevalet. Leurs blessures mêmes avaient une forme agréable et des tonalités enga-
geantes. Cette fois le peintre a bravé la convention des académies et montré la douleur
et les angoisses d'un homme. Le martyr est un être broyé dans sa chair et ses os, qui,
sous la violence de la douleur, soulève son corps tordu dans une clameur lamentable.
Seuls, les primitifs avaient ainsi rendu la chair déchirée et mutilée par les supplices
abominables.

Henry Bauer.

Il est peu d'existences plus nobles et d'un plus fier exemple artistique que celle du
peintre Ribot. On parle beaucoup de l'exposition merveilleuse véritablement qu'il fait,
ce mois, de son œuvre des dix dernières années, dans les galeries fort bien aménagées
de M. Bernheim jeune, rue Laffitte. C'est une prodigieuse évocation de muets personnages, isolés de tout décor, aux bras croisés, aux poses recueillies, obscurément médi-
tatives, — les femmes, presque toutes, la tête coiffée de voiles noirs qui couvrent
encore les épaules, les corps comme drapés de deuil, — les hommes, leurs figures
dans l'ombre de feutres à larges bords ou du capuchon dantesque. Tous ces visages
sont sillonnés de rides, tels que des glèbes coupées de sillons ; ils disent sans
plaintes, en leurs attitudes quasi contemplatives, résignées sous les destins toujours
pareils et cruels, la triste épopée des humbles.

Toutes ces toiles — qu'elles représentent seulement un gigot, une casserole, un pot
de grès, mais toujours avec la vie particulière des choses — tous ces dessins font naître,
en une magie de noirs et de lumières, une admirable vision d'êtres personnels. — Un
artiste, Ribot, et de ceux qu'on doit le plus estimer. Je l'ai vu en sa petite maison,
entre cour et jardin, de Colombes. Par l'escalier de bois, étroit et mal éclairé, je suis
monté, derrière le maître peintre, — un vrai maître peintre, — à son atelier, un grenier,
une mansarde de quelques mètres carrés, aux murs sans aucun ornement, badigeonnés,
de plus en plus, d'obscurité par l'essuyage des pinceaux. Le jour arrive par une minime
tabatière ; dans l'ombre de la soupente, trois femmes assises, vêtues et embéguinées de
noir, Mme Ribot, sa fille Louise et une nièce, une orpheline, dont la grâce blonde est
comme une clarté dans cette pénombre de limbes ou de géhenne.

Félicien Champsaur.

L'exposition des œuvres de ce maître, organisée actuellement rue Laffitte, chez
M. Bernheim, est plus éloquente que tout ce qui peut être dit sur lui. Elle comporte

des toiles déjà vues aux Salons derniers, et un grand nombre d'autres, des plus variées, jusqu'alors inconnues du public. Le peintre, si personnel, mais toujours reconnaissable, se montre ici sous toutes les faces de son incomparable talent. Il a tel petit cuisinier rêveur qui eût ravi Chardin, tant le dessin correct et la facture tranquille sont d'un langage intime et persuasif. — C'est le portrait du père Fiac qui, le chapeau sur l'oreille, la bouche souriante, crie la vie dans son cadre; — celui de M. G... R... qui a grand air sous son feutre à larges bords, et tant d'autres d'allures superbes. — Souvent, dans les portraits de femmes, comme *la Dame aux lunettes*, la face aux colorations truculentes émerge de coiffes noires qui la poussent au relief.

D'autres fois, comme par exemple dans cette adorable tête de jeune fille, *Marie*, enveloppée d'une fine chevelure longue et ondulée, la physionomie garde le charme parfait d'un rêve encore imprécisé, et nous laisse toute liberté pour le poursuivre.

La Gourde vide est une chose effrayante; un homme couché, grimaçant, le torse nu, bombé en pleine lumière, se tord sous la brûlure de l'alcool. C'est Ribot songeant à l'Espagne.

Le Prisonnier est une superbe étude de nu. — Le portrait en pied de la fille de l'auteur est une page on ne peut plus séduisante. Debout, le bras droit tombant, la jeune fille, vêtue d'une longue robe grise, tient de la main droite une palette à peine indiquée, c'est familial et reposé. — A côté, voici le portrait du père, farouche et puissant! Je me figurais bien un peu le maître comme cela.

Nul n'est doux, à ses heures, comme un sabreur; il en est de même des hommes comme Ribot quand, par délassement peut-être, ils se font tendres. Cette toile exquise, *la Lecture*, en est une preuve. Une jeune paysanne assise lit; sur la table une écuelle rouge, une fiole noire, pas d'empâtements, une figure fraîche encadrée de fondus sombres où de la lumière s'épand, tout l'art est dans cette petite toile, c'est une caresse pour l'œil, la caresse du fauve en belle humeur, caresse qui charme fortement comme tout ce qui cache une virilité sous la grâce.

En sortant de cette exposition, dont chaque toile demanderait une étude approfondie, et où sont aussi de crânes dessins, portant tous le coup de griffe du maître, on emporte une impression durable, on est un peu entré dans la vie d'un des plus grands artistes de ce temps, on s'est familiarisé avec un art dont la complexité se totalise en un individualisme superbe et unique.

HIPPOLYTE DEVILLERS.

Toujours, partout, M. Ribot se montre un beau peintre, un peintre magnifique. C'est dans la série de ses portraits que sa maîtrise éclate. Dans ces portraits, M. Th. Ribot procède par abréviations larges, par des accents d'une autorité saisissante. Le modelé a une précision, une saillie, une solidité qui donne dans la lumière l'illusion de la vie. Regardez *le Père Fiac*, *le Père Bresteau*, la toile intitulée *Normande* et celle intitulée *Flamande*; regardez-les aux lèvres et aux yeux, sur le fond noir. Les têtes s'animent, les yeux vous regardent; c'est le frémissement de la vie, et c'est encore dans la touche libre et ample, en pleine pâte, souple et ferme, la vie mysté-

rieuse de la couleur. L'œil se repose sur des noirs intenses, mais transparents, car on
les voit profonds. Et ce sont de sourdes résonances, des chaleurs intimes; c'est un
rayonnement, la magie du clair-obscur.

Marcel Fouquier.

Une des manifestations artistiques les plus importantes de la saison qui vient de se
terminer a été sans contredit l'exposition des œuvres de Théodule Ribot, à la galerie
Bernheim. Bien qu'elles soient aujourd'hui de nouveau dispersées, il n'est pas trop
tard pour dire encore quelques mots du cerveau profond qui les a conçues et de
la main puissamment habile qui les a exécutées.

Les grands artistes, en effet, sont sans cesse à l'ordre du jour. C'est toujours faire
œuvre d'actualité que d'en entretenir le public, car il est lent à apprendre les noms qui
font la gloire de nos écoles et prompt à les oublier.....

Énumérer les œuvres du maître serait difficile, énumérer seulement celles qui figu-
raient cette année à la galerie Bernheim serait maintenant inutile. Il suffira de désigner
les principaux caractères qui les distinguent. Si l'on va au Luxembourg et qu'on regarde
le Christ au milieu des docteurs et les *Deux moines soignant un blessé*, on admirera la
science étonnante du dessin, la maîtrise dans l'art si difficile du clair-obscur; on appré-
ciera la noblesse des types, vulgaires seulement pour les natures vulgaires. Mais on ne
connaîtra Ribot encore que d'une manière imparfaite. Ce qu'il faut avoir vu de lui, ce
sont ces portraits merveilleux, à la fois fantastiques et précis; ces têtes de femmes
jeunes et vieilles dont les yeux sont si pleins de pensée, ces visages si vigoureusement
modelés qui s'enlèvent avec tant d'éclat sur leur fond sombre. Ce qu'il faut voir, ce
sont ces *Conférences*, ces cuisiniers célèbres, ces natures mortes pour lesquelles on
devrait inventer un mot, car elles sont la vie même.

Et l'on demeure confondu que, de tant de nuit, un homme puisse faire tant de
lumière.

Arsène Alexandre.

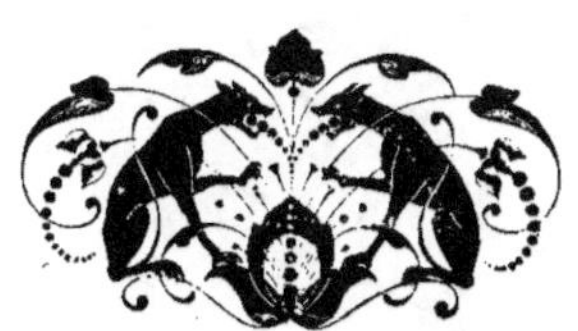

PRINCIPALES OEUVRES

DE

T. RIBOT

I

OEUVRES EXPOSÉES AUX SALONS ANNUELS

1861

Basse-Cour.

Cuisinier comptable.

Cuisiniers à l'heure du dîner.

Intérieur de cuisine.

Le Joyeux Cuisinier.

Poules au repos.

1863

La Prière des petites filles.

Gravé par l'auteur en 1864. — Appartient à M. de Balleroy.

Les Plumeurs.

Appartient à M. Niel.

La Toilette du matin.

1864

Le Chant du cantique.

Les Rétameurs.

Médaille.

> *Les Rétameurs* ont été détruits dans l'atelier de l'artiste, à Argenteuil, en 1870, pendant l'occupation prussienne et par des soldats allemands.

Portrait à l'eau-forte de M. Cadart, éditeur d'estampes.

Portrait à l'eau-forte de M. Vollon, peintre.

> Cette dernière planche a été détruite par un accident ; les épreuves en sont presque introuvables.

1865

Saint Sébastien.

> Ce tableau a obtenu une médaille. Il appartient aujourd'hui au Musée du Luxembourg. Il a été deux fois gravé à l'eau-forte : la première fois par Mlle Louvois, la seconde par M. Monziès.

Une Répétition.

Appartient à M. Munkacsy.

La Prière des petites filles.

Eau-forte d'après le tableau de 1863.

1866

Le Christ au milieu des docteurs.

Appartient à l'État.

Le Flûteur.

Musée de Marseille.

1867

Le Supplice des coins.

Musée de Rouen.

Un Vieillard.

Appartient à Mme de Cassin.

1868

L'Huître et les Plaideurs.

Musée de Caen.

1869

Les Philosophes.

Musée de Saint-Omer.

Les Marionnettes au village.

1870

Le Bon Samaritain.

Musée du Luxembourg.

Le Jeune Homme à la manche jaune.

Appartient à M. le comte de Luro.

1874

La Lecture.

Portrait de Mᵐᵉ ....

Jeune Fille.

> Ce portrait de la fille du peintre est connu aussi sous le titre de *la Fille aux longs cheveux.*

Une Vieille Femme.

La Leçon de chant.   Aquarelles.

Conversation.

1875

Cabaret normand.

> Appartient à M. Hubert Debrousse. — Gravé à l'eau-forte par M. Masson.

Portrait de M. de Kerkhove.

1876

Portrait de Mᵐᵉ Gueymard-Lauters.

Portraits de famille dans une loge de théâtre.

> Ce tableau, qui ne comprenait pas moins de six figures de grandeur naturelle, a malheureusement été détruit.

1877

Bretonne de Plougastel.

> Gravé sur bois par Edmond Yon. — Appartient à M. Hubert Debrousse.

Vieux Pêcheur de Trouville.

> Gravé à l'eau-forte par Gilbert. — Appartient à M. E. Turquet.

1878

La Comptabilité.

> Appartient à M. Hayem.

La Mère Morieu.

> Appartient à M. Edmond Turquet.

1882

*Portrait de M. ***.*

Vieillard.

> Appartient à M. Georges Kinen.

1884

Portrait de ma fille.

> Appartient à M. Vasnier, de Reims.

Les Parchemins.

> Appartient à M. Hubert Debrousse. — Gravé sur bois par Charles Baude
> en 1885.

1886

Le Père Bresteau.

> Lithographie par Vergnes.

Marie.

1890

SOCIÉTÉ NATIONALE DES BEAUX-ARTS

Portrait de Mᵐᵉ T. Ribot.

> Appartient à M. Bernheim jeune.

*Portrait de M. Léon Mage, professeur de dessin de la marine natio-
nale, à Brest.*

La Dame aux lunettes.

Appartient à M. Bernheim jeune.

Devant le Calvaire.

Appartient à M. Bernheim jeune.

Une Flamande.

Appartient à M. Bernheim jeune.

Au Sermon.

Appartient à M. Bernheim jeune.

Les Titres de famille.

Appartient à Mme Michel.

La Gibecière.

Les Perles noires.

Appartient à M. Bernheim jeune.

La Tricoteuse.

Appartient à M. Bernheim jeune.

La Jeune Fille au chien.

II

OEUVRES

QUI ONT FIGURÉ AUX EXPOSITIONS UNIVERSELLES DE PARIS

1867

Le Martyre de saint Vincent.

Ce tableau est quelquefois appelé *l'Homme au corbeau*. Il appartient au Musée de Lille.

1878

Le Bon Samaritain. (Salon de 1870.)

Musée du Luxembourg.

La Fille aux longs cheveux. (Salon de 1874.)

Cabaret normand. (Salon de 1874.)

Th. Ribot a obtenu à l'Exposition universelle de 1878 une médaille de 3e classe. Le 1er janvier de la même année, il avait été fait chevalier de la Légion d'honneur.

Appartient à M. Hubert Debrousse.

1889

EXPOSITION CENTENNALE DES BEAUX-ARTS

L'Huître et les Plaideurs. (Salon de 1868.)

Appartient au Musée de Caen.

Les Philosophes. (Salon de 1869.)

Appartient au Musée de Saint-Omer.

Musiciens.

Appartient à M. Lutz.

Portrait de M. Luquet.

Appartient à M. Luquet.

III

PEINTURES DIVERSES

La Fête du chef.

Un des premiers et des plus fins tableaux de la série des Cuisiniers. Appartient à M. Lemasson.

Série de tableaux de cuisine.

Les Comptes du cuisinier.

Figure de grandeur naturelle, à mi-corps. — Appartient à M. Albert Wolff.

La Fille aux fleurs.

Musée d'Alger.

Les Plumeurs.

Appartient à M. Niel.

Le Bon Samaritain.

Musée de Pau. Ce tableau est conçu dans le même esprit que celui du Luxembourg, mais il n'en est pas la répétition.

Déposition de croix.

Appartient à M. le prince Demidoff, à Florence.

Christ les bras en croix, sur fond noir laqué.

Appartient à l'amiral Cloué.

La Leçon de géographie.

Musée d'Évreux.

Petite Déposition de croix. — Esquisse.

> Appartient à M. Verdier.
> (A appartenu à Charles Daubigny.)

Le Christ au tombeau. — Esquisse.

> Cette remarquable esquisse était destinée à être exécutée, ainsi que la précédente, dans une église de Paris.

L'Écolier.

L'Aveugle à la cruche verte et l'Enfant.

> Appartient à M. E. Oppenheim.
> Gravé à l'eau-forte par Masson.

L'Homme à l'encrier de faïence.

> Eau-forte de Boilvin.
> Appartient à M. Pellisson, de Bordeaux.

Petit Portrait d'Étienne, neveu du peintre.

Le Cheverquer. — Cheverier des environs de Cosne.

Les Lunettes.

Jean Raisin.

> Appartient à M. Edmond Turquet.

Les Enfants du peintre, à quinze ans.

> Appartient à M. Oudinot (Boston).

Jean Blé mûr.

Jean Raisin.

> Appartiennent à M. Charles Vincent.

Le Soulier de Noël.

> Enseigne pour un magasin de cordonnerie. Appartient à M. Charles Vincent.

La Tireuse de cartes.

> Appartient à M. Seguy.

Le Père Antoine, tête de vieillard.

> Appartient à M. de Fourcaud.

Un Pardon aux environs de Brest.

Types populaires des environs de Brest.

Types populaires des environs de Trouville.

Portrait de M. Léon Mage, professeur de dessin de la marine nationale.

Portrait de M. Barthélemy.

Portrait de M. Cardon.

Portrait de M. Charly.

Portrait de M. Luquet.

Petit portrait très poussé.

Tête de vieillard.

Appartient à M. Roger Marx.

Portrait de Mme P., sœur de l'auteur.

Petites études de paysages d'Argenteuil, de Colombes et de Trouville.

Poissons.

Poteries de grès.

Œufs sur le plat.

Appartient à M. de Dorlodot.

La Toilette des petites filles.

Appartient à M. Verdier.

Vieux Livres.

Coings et tomates.

Les Pommes.

Les Côtelettes.

Le Pot-au-feu.

Le Gigot.

Coin de cave.

La Mappemonde.

Appartient à M. Jules Claretie.

Le Petit Pot de fleurs.

Le Casque.

       Appartient à M. le comte d'Osmoy, sénateur.

La Tourie.

       Appartient à M. Brémontier.

Le Repas du village.

       Appartient à M. le Dr Cras, médecin en chef, professeur de l'école de médecine navale.

Une Jeune Femme portant des pommes.

       Musée de Besançon.

Le Marchand d'images.

       Appartient à M. de Varenne.

Intérieur de famille.

       Appartient à M. Champfleury.

Un Petit Cuisinier.

       Appartient à M. Hémann.

La Mère Morieu.

       Appartient à M. Turquet.

Le Christ en croix.

       A appartenu à M. Baroilhet.

Tête de jeune fille.

       Appartient à M. Quost.

Le Repos.

       Appartient à M. E. Turquet.

Un Philosophe.

       Appartient à Mme Judic.

Un Vieillard à longue barbe.

       A appartenu à feu Carpeaux.

Une Étude d'après l'auteur.

       Appartient à M. Vollon.

Le Pécheur de Trouville.

       Appartient à M. E. Turquet.

Un Vieux Moine.

       Appartient à M. Trouvain.

Une Descente de croix.

       Appartient à M. Boy.

La Mise au tombeau.

       Appartient à M. Boy.

Cuisiniers. — Appartient à M. Brunswick.

Tête de vieillard. — Appartient à M. Poidatz.

La Provende des poules. — Appartient à M. Poidatz.

Les Bouchons. — Appartient à M. Jean Dolent.

Nature morte. (Livres.) — Appartient à M. Deloye, sculpteur.

Grés, nature morte. — Appartient à M. Lefranc.

Le Pichet breton. — Appartient à M. Ricada.

Les Pommes. — Appartient à M. Ricada.

Un Pâtissier. — Appartient à Mme veuve Bureau.

Dessus de table. — Appartient à Mme du Genêt, de Rouen.

Portrait de M. J... — Appartient à Mme veuve Isnard.

Bretonnes de Plougastel et de Plouescat. — Appartient à M. de Fourcaud.

Portrait de M. B... — Appartient à Mme veuve Barthélemy.

Jeune Femme lisant. — Appartient à M. Pélisson.

Les Satyres. — Appartient à Mme Blanche Pierson.

Les Marchandes de poissons. — Appartient à M. Georges Kinen.

La Comptabilité. (Variante.) — Appartient à Mme Martin.

Jeune Fille aux pieds nus. — Appartient à M. Achille Mendes.

Homme nettoyant des armes. — Appartient à M. Bessonneau, d'Angers.

Les Trois Sœurs. — Appartient à M. Martin, de Marseille.

Un Marin.

Appartient à M. Verdrel, de Rouen.

La Petite Fille.

Appartient à M. Wachenheimer.

Le Chat malade.

Appartient à M. Salmon.

La Tricoteuse.

Appartient à M. Georges Kinen.

Liseuse.

Appartient à M. Roger Marx.

Les Tricoteuses bretonnes.

Appartient à M. Ricada.

Le Vieux Bougeoir.

Appartient à M. Ricada.

Les Poires.

Appartient à M. Ricada.

Jeune Fille.

Appartient à M. Boussaton.

La Ravaudeuse.

Appartient à M. Victor Porrel.

Le Forgeron.

Appartient à Mme E. Bonis.

Jeune Fille assise sur un tertre.

Appartient à M. Seguy.

Une Consultation.

Appartient à M. Favre.

Le Recueillement.

Appartient à M. Marchand, de Cognac.

Liseuse.

Appartient à M. Marchand, de Cognac.

Chanteurs bohémiens.

Appartient à M. Lecomte.

Le Gigot de Pâques.

Appartient à M. Lecomte.

La Gourde vide.

Appartient à M. Pellisson, de Cognac.

Le Prisonnier.

Appartient à M. Pellisson, de Cognac.

La Ravaudeuse.

Appartient à M. Hubert Debrousse.

Portrait de Germain Ribot.

Appartient à M. Hubert Debrousse.

Une Leçon.

Appartient à M. Hubert Debrousse.

Le Chapelet.

Appartient à M. Meliodon.

Le Père Fiac.

Appartient à M. Hubert Debrousse.

La Fille de la mère Morieu.

Appartient à M. Hubert Debrousse.

Les Titres de famille.

Appartient à Mme Michel.

La Lecture.

Appartient à M. Christophe.

Études.

Appartient à M. Hubert Debrousse.

Mon Ancien Garçon d'atelier.

Appartient à M. Auguste Dreyfus.

Cuisinier.

Appartient à M. Hubert Debrousse.

Le Payement.

Appartient à M. Hubert Debrousse.

Vieille Femme.

Appartient à M. Guiraldes.

La Jeune Fille au casaquin rouge.

Appartient à MM. Reichard and C°, de New-York.

Tête de Femme.

Appartient à M. Scott, de Montréal (Canada).

Jeune Musicien.

Appartient à M. Blakeslée, de New-York.

La Flamande.

Appartient à M. Blakeslée, de New-York.

Normande.

Appartient à M. Scott, de Montréal (Canada).

Les Comptes.

Appartient à M. Scott, de Montréal (Canada).

Vieille Femme.

Appartient à M. Scott, de Montréal (Canada).

Parchemin.

Appartient à M. Scott, de Montréal (Canada).

Un Cuisinier.

Appartient à M. Sulzbach.

Le Braconnier.

Appartient à M. Gérard fils.

L'Incendie.

Appartient à M. Gérard fils.

Jeune Femme.

Appartient à M. Gérard père.

Vieillard et ses filles.

Appartient à M. Gérard père.

Près du Calvaire.

Appartient à M. Gérard père.

Prométhée.

Appartient à M. Cheramy.

Ésope.

Appartient à M. Cheramy.

Le Bon Samaritain.

Appartient à M. Varillat.

Les Cuisiniers.

Appartient à M. Gérard fils.

Les Pommes de terre.

Appartient à M. Bernheim jeune.

Bretonnes.

Appartient à M. Bernheim jeune.

Bandit aiguisant son poignard.

Appartient à M. Bernheim jeune.

Le Tricot.

Appartient à M. Bernheim jeune.

Les Perles noires.

Appartient à M. Bernheim jeune.

Les Œufs sur le plat.

Appartient à M. Bernheim jeune.

Les Poules.

Appartient à M. Bernheim jeune.

La Ménagère.

Appartient à M. Bernheim jeune.

Les Marmitons.

Appartient à M. Bernheim jeune.

Les Pommes de terre.

Appartient à M. Bernheim jeune.

La Lecture.

Appartient à M. Bernheim jeune.

La Leçon de tricot.

Appartient à M. Bernheim jeune.

Jeune Fille aux longs cheveux.

Appartient à M. Bernheim jeune.

L'Aveugle.

Appartient à M. Bernheim jeune.

Le Tricot.

Appartient à M. Bernheim jeune.

Deux Bretonnes.

Appartient à M. Bernheim jeune.

Le Mendiant.

Appartient à M. Bernheim jeune.

Jeune Fille au béret.

Appartient à M. Bernheim jeune.

Le Roi des mines.

Appartient à M. Bernheim jeune.

Tête d'homme.

Appartient à M. Bernheim jeune.

La Lecture.

Appartient à M. Bernheim jeune.

L'Épave.

Appartient à M. Bernheim jeune.

Le Portrait de Cardon.

Appartient à M. Bernheim jeune.

La Plumeuse.

Appartient à M. Bernheim jeune.

Un Cuisinier.

Appartient à M. Bernheim jeune.

Un Cuisinier tenant un poulet.

Appartient à M. Bernheim jeune.

La Leçon de couture.

Appartient à M. Bernheim jeune.

Le Bon Samaritain.

Appartient à M. Bernheim jeune.

Le Retour du marché.

Appartient à M. Bernheim jeune.

Le Mendiant.

Appartient à M. Bernheim jeune.

Mme Ribot.

La Dame aux lunettes.

Femme de Kerchout.

Avant l'église.

La Comptabilité.

Le Savant.

Le Cuisinier.

Jeune Fille au fichu rouge.

La Mère Leduf.

Le Pâtre.

Une Flamande.

La Fille au collier noir.

La Leçon de couture.

Mendiant de la vallée de la Touque.

Femme de Saint-Malo.

Christ guérissant un aveugle.

Le Pansement.

Tête de jeune homme.

Marie.

La Réprimande.

Appartient à M. Bernheim jeune.

Appartient à M. Bernheim jeune.

Appartient à M. Bernheim jeune.

Appartient à M. Bernheim jeune.

Appartient à Mme Martin.

Appartient à Mme Judic.

Appartient à M. Desbrousse.

Appartient à M. Varillat.

Appartient à M. Desbrousse.

Appartient à M. Bernheim jeune.

Appartient à M. Bernheim jeune.

Appartient à Mme Anna Judic.

Appartient à M. Pellisson.

Appartient à M. Bernheim jeune.

Appartient à M. Bernheim jeune.

Appartient au Dr Lecorché.

Appartient à M. Joseph de Kuyper.

Appartient à M. Albert Millaud.

Appartient à M. Bernheim jeune.

Appartient à M. de Kuyper.

Le Braconnier.

Appartient à M. Desbrousse.

La Marchande de poulets.

Appartient à M. Desbrousse.

Jeunes Musiciens.

Appartient à M. Blakeslée, de New-York.

Traduction.

Appartient à M. Scott, de Montréal (Canada).

La Plumeuse.

Appartient à M. Bernheim jeune.

Descente de croix.

Appartient à M. Bernheim jeune.

La Conversation.

Appartient à M. Bernheim jeune.

La Recommandation.

Appartient à M. Bernheim jeune.

La Repriseuse.

Appartient à M. Bernheim jeune.

La Prière.

Appartient à M. Bernheim jeune.

Femme à la coiffure noire.

Appartient à M. Bernheim jeune.

La Ravaudeuse.

Appartient à M. Bernheim jeune.

Mlle Ribot.

Appartient à M. Bernheim jeune.

Un Mendiant et sa petite fille.

Appartient à M. Neuman, de Vienne.

L'Attente des pêcheurs après le gros temps.

Appartient à M. Élias, de Londres.

Un Cheverquer.

Appartient à M. Joseph de Kuyper, de Rotterdam.

Les Empiriques.

Appartient à M. Hubert Debrousse.

Plumeuses.

Appartient à M. Aurélien Scholl.

Une Picarde.

Appartient à M. Barion, de Bressuire (Deux-Sèvres).

Le Bon Vin.

Appartient à M. Barion, de Bressuire (Deux-Sèvres).

Portrait de Th. Ribot.	Appartient à M. Barion, de Bressuire (Deux-Sèvres).
Portrait du Maître.	Appartient à M. Hubert Debrousse.
Portrait de Mme R.	Appartient à M. de Rousseau.
La Conférence.	Appartient à M. Gérard.
Un Pâtre.	Appartient à M. Jos. Hessel.
La Leçon de couture.	Appartient à M. Pellisson, de Cognac.
La Fille au collier noir.	Appartient à Mme Anna Judic.
Tête de jeune homme.	Appartient à M. Albert Millaud.
La Leçon.	Appartient à M. Marchand, de Cognac.
Le Pansement.	Appartient à M. de Kuyper, de Rotterdam.
Étude.	Appartient à M. Neuman, de Munich.
La Mère Morieu.	Appartient à M. Hubert Debrousse.
Épaule de mouton.	Appartient à M. Hubert Debrousse.
Berger.	Appartient à M. Hubert Debrousse.
La Marchande de poulets.	Appartient à M. Hubert Debrousse.
La Mère Leduf.	Appartient à M. Hubert Debrousse.
Le Manuscrit.	Appartient à M. Hubert Debrousse.
Pris au piège.	Appartient à M. Auguste Dreyfus.
La Réprimande.	Appartient à M. Kuyper, de Rotterdam.
Le Braconnier.	Appartient à M. Hubert Debrousse.
La Prière.	Appartient à M. Hubert Debrousse.
La Haleuse.	Appartient à M. Auguste Dreyfus.

DÉSIGNATION

155 - Un Mendiant.

Assis et sombrement habillé, il tient, dans ses mains qui s'enchevêtrent, un grand chapeau de feutre souple et une canne. La lumière, en frappant vivement le front et le côté droit du visage, fait encore jouer ses rayons dans la longue barbe grise et les cheveux déjà blancs. Fond gris.

Aux deux tiers de la grandeur naturelle. Signé à droite.

Haut., 55 cent.; larg., 46 cent.

156 — Le Matelot.

Il est figuré en buste, de face, et, sous la pleine lumière, il est aisé de détailler son visage : œil brillant, nez aux arêtes vives, lèvres fines, favoris grisonnants ; comme coiffure, un béret ; le vêtement noir, à grand col bleu turquoise, s'ouvre en pointe sur un tricot à raies horizontales bleues et blanches.

Grandeur naturelle. Signé à droite.

Haut., 55 cent.; larg., 46 cent.

157 — Études de juifs.

Parsemées sur la toile et vivement éclairées, huit têtes d'hommes, de vieillards, dont les traits sont saisis dans leur plein caractère ; elles sont posées de profil, de trois quarts ; d'une même ne s'aperçoit que l'oreille ; une longue barbe encadre le visage, que coiffe un bonnet de fourrure.

Grandeur naturelle. Signé à gauche.

Haut., 55 cent.; larg., 46 cent.

158 — Même sujet.

Ici encore, dans un éclairage pareil et une semblable disposition imprévue. paraissent six têtes masculines. au type hébraïque énergiquement accusé.

Grandeur naturelle. Signé à gauche

159 — Descente de croix.

ÉBAUCHE.

Par une lueur lunaire, Joseph d'Arimathie, Nicodème et saint Jean descendent de la croix le corps pantelant et meurtri du Christ. tandis que, de la droite du tableau. s'avance vers eux, jambes et bras nus, un jeune garçon qui tient une large cuvette de terre supportant une amphore.

Au dixième de la nature environ. Signé à gauche.

Haut., 72 cent.; larg., 36 cent.

160 — La Lanterne.

C'est, posée sur un blanc torchon à liteaux rouges, une grosse lanterne ronde en bois brun, surmontée d'une forte poignée de métal en fer à cheval : sa porte, grande ouverte, montre à l'intérieur, dans un godet de fer, une bougie finissante avec des coulures épaisses. irrégulières : à l'angle droit de la toile, coupé par la bordure, un plat de faïence vernissée. contenant des linges et un manche de bois.

Grandeur naturelle. Signé à gauche.

Haut., 53 cent.; larg., 45 cent.

161 — Portrait de M. Léon Mage, professeur de dessin de la Marine nationale.

M. Mage est vu à mi-corps, de face. Dans la transparence d'un jour tamisé apparaît le visage aux carnations d'un rose tendre, cendré ; de chaque côté du front, très élevé, tombent sur les oreilles des cheveux noirs fins et bouclés ; l'ovale du visage s'encadre dans un collier de barbe aux reflets bruns ; sur le vêtement, de couleur sombre, l'échancrure de la chemise fait une tache d'un blanc éclatant.

Grandeur naturelle. Signé à droite au-dessus de la signature :
« *A mon ami Léon Mage.* »

Haut., 55 cent.; larg., 46 cent.

162 — Mme Ribot.

La femme du maître est représentée à mi-corps ; son visage se modèle avec un saisissant relief sous le rayon de la vive lumière : un ample vêtement gris-brun l'habille.

Grandeur naturelle. Signé à droite.

163 — Une Vieille Femme.

Malgré les rides et le creusement des fossettes par l'âge, son teint est rose et ses cheveux semblent noirs sous la capeline blanche : la mante est entr'ouverte et le corsage s'aperçoit de nuance verdâtre.

Grandeur naturelle. Signé à droite.

Haut., 54 cent.; larg., 46 cent.

164 — Une Haleuse.

Du milieu de la toile, et sur le fond gris jaune, se détache sa
figure expressive aux traits nettement dessinés, presque durs ; un fichu
blanc se croise autour de son cou, et un tissu de ton sombre. jeté sur
l'arrière de la tête, lui tient lieu de coiffure.

Grandeur naturelle. Signé a droite.

Haut., 53 cent.; larg. 45 cent.

165 — Le Géomètre.

Il est assis auprès d'une table, vêtu d'un ample vêtement de bure
grise. et le visage, à longue barbe blanche, tourné vers la gauche ;
ses mains tiennent un compas et une feuille de papier à demi repliée.
A gauche, sur le sol, un livre dont on peut lire le titre : *Table de
logarithmes*.

En pied. grandeur demi-nature environ. Signé a droite.

Haut., 73 cent.; larg., 60 cent.

166 — Le Retour du marché.

Un jeune servant, dont l'habillement brun disparaît presque sous
le grand tablier de toile bleue à bavette, marche. tenant à la main un
panier ouvert où se voit un gigot de mouton. Le visage est montré
de trois quarts : le fond est gris clair.

La figure, en pied. est demi-nature environ. Signé à gauche.

Haut., 91 cent.; larg., 51 cent.

167 — La Flamande.

Elle est debout, à mi-corps, près d'une table sur laquelle est posé un pot de faïence, et tient une pièce de gibier ; un coup de lumière éclaire vivement les mains, ainsi que le visage incliné et la capeline d'un blanc éclatant ; son vêtement est de couleur éteinte, neutre, avec des rehauts de bleu vert par le milieu.

Grandeur naturelle. Signé à gauche.

Haut., 90 cent.; larg., 51 cent.

168 — Les OEufs sur le plat.

Sur un dressoir, à gauche de la toile, un verre de vin rempli à demi ; derrière, une cruche à panse arrondie, brune au dehors, blanche à l'intérieur ; puis, en allant vers la droite, quatre œufs cuits dans un plat de faïence brun-rouge.

Signé à gauche.

Haut., 59 cent ; larg., 72 cent.

169 — Les Raisins.

Vue à mi-corps, dans la pénombre, une femme aux cheveux gris tient dans ses mains d'abondantes grappes de raisin vert.

Grandeur naturelle. Signé à droite.

Haut., 73 cent ; larg., 60 cent.

170 — Le Patron de l' « Hélène ».

Sur le fond sombre se détache fortement la tête du marin ; la
coupe particulière de la barbe suffirait à révéler la condition du personnage ; le teint est hâlé, bistré ; l'œil bleu a de la fermeté et de la
douceur ; l'indication à peine accusée du vêtement est d'une coloration
verdacée.

Grandeur naturelle. Signé à droite.

Haut., 72 cent.; larg., 60 cent.

171 — La Mère Morieu.

La mère Morieu est figurée en buste, les mains croisées sur la
poitrine ; un rayon lumineux détaille chaque déformation du cou
amaigri, émacié, chaque trait du visage plissé de rides sans nombre
et caractéristiquement coiffé d'un haut bonnet de coton blanc et bleu.

Grandeur naturelle. Signé à droite.

Haut., 73 cent.; larg., 60 cent.

172 — Mᵐᵉ Ribot.

Cette fois, la compagne du maître est figurée en buste, les bras
croisés ; son visage, baigné dans la transparence d'une lumière vibrante,
a pour cadre l'entourage d'une noire capeline.

Grandeur naturelle. Signé à droite.

Haut., 72 cent.; larg., 59 cent.

173 — Les OEufs renversés.

Ce sont, sur la table d'un cellier, un verre à moitié rempli de vin blanc, puis un bidon de grès beige à anses, une poire et deux œufs ; l'un, qui s'est cassé, épand sur le dressoir des coulures jaunes ; à l'extrémité, à droite, un pot de terre vernissée brune, d'où sort l'extrémité d'une cuillère.

Signé à gauche.

Haut., 40 cent.; larg., 68 cent.

174 — Le Chant.

C'est le soir ; à la lueur d'une bougie, une jeune fille debout, en camisole blanche, chante, en battant la mesure de la main droite, le morceau de musique qu'elle tient de l'autre main ; auprès d'elle, une petite fille, la tête levée, naïvement, attentivement la regarde.

Figures de petites proportions. Signé à gauche.

Haut., 56 cent.; larg., 40 cent.

175 — Pommes de terre.

Vue de profil, habillée d'un corsage rouge et coiffée d'une étoffe verte, une vieille femme porte dans son bras arrondi des pommes de terre. Le fond est gris vert.

Grandeur naturelle. Signé à gauche.

Haut., 53 cent.; larg., 44 cent.

5

176 — La Liseuse.

La tête enveloppée d'un épais tissu brun pareil à quelque bure, elle lit le papier placé dans sa main ; sur le fond sombre s'enlèvent en vives taches le visage déformé par l'âge et la main nerveuse.

Grandeur petite nature. Signé à droite.

Haut., 54 cent.; larg., 44 cent.

177 — Recueillement.

Une jeune femme à coiffe blanche, habillée d'un vêtement noir et d'un tablier de toile bleue, est assise sur un banc, les mains étendues sur les genoux, dans une attitude de repos et de songerie ; sur un escabeau, un vieux livre relié en veau, sur les tranches rouges duquel des papiers destinés à servir de marques font des taches blanches ; à gauche, sur le sol, un sabot et, dans l'angle de droite, un autre que coupe le cadre.

Figure de petites proportions. Signé à gauche.

Haut., 54 cent ; larg., 44 cent.

178 — Vigneronne.

C'est une vigneronne, aux traits accusés, à la peau brûlée du soleil ; sur le fond sombre de la toile se détache le profil de son visage, pittoresquement coiffé d'une capeline de tonalité verdâtre.

Figures de grandeur naturelle. Signé à gauche.

Haut., 45 cent.; larg., 37 cent.

179 — Les Ciseaux.

Au milieu de la toile et à gauche, sur un dressoir de bois, un pot de faïence rouge vernissée, à couvercle, une tasse de même matière, puis un torchon qui tombe sur le rebord; auprès de ce dressoir, une vieille femme, les ciseaux à la main, s'apprête à tailler dans un linge; elle est assise, le visage incliné sous la coiffe blanche; un vêtement noir et un tablier de toile bleue l'habillent.

Figures de petites proportions. Signé à droite.

Haut., 44 cent.; larg., 36 cent.

180 — La Lecture.

Habillée de rouge, coiffée de vert, une vieille femme parcourt des yeux le papier qu'elle tient à la main, tandis que derrière elle une autre femme, montrée à profil perdu, s'attache à suivre cette lecture.

Figures petite nature. Signé à droite.

Haut., 46 cent.; larg., 38 cent.

181 — La Plumeuse.

Sur ses genoux elle tient le coq, qu'elle dépouille lentement et dont apparaît déjà la chair d'un rose gris; elle est assise, les pieds élevés et posés sur un escabeau de bois; tout autour d'elle ce sont, à terre, des plumes grises. Voici son habillement : coiffe blanche, corsage sombre, tablier bleu.

Figure de petites proportions. Signé à droite.

Haut., 53 cent.; larg., 44 cent.

182 — Les Parchemins

Vue de profil, à mi-corps, une femme âgée, la tête enveloppée d'une capeline grise, tient dans ses bras croisés des parchemins.

Grandeur naturelle. Signé à droite.

Haut., 44 cent.; larg., 36 cent.

183 — Même sujet.

Le personnage, saisi dans la même action, a une attitude pareille ; mais dans cet exemplaire le caractère de vieillesse est plus énergiquement accusé, par les cheveux blancs, épars autour du front, et par les rides plus nombreuses.

Grandeur naturelle. Signé à droite.

Haut., 44 cent.; larg., 37 cent.

184 — Portrait de Mlle R.

Elle est de face, en buste ; frappé d'un côté par la vive lumière, son visage, couronné de cheveux blonds, est obscurci de l'autre par la pénombre.

Grandeur naturelle. Signé à droite.

Haut., 55 cent.; larg., 40 cent.

185 — La Leçon de dessin.

Dans une pièce enveloppée de l'atmosphère grise du jour intérieur,
deux femmes assises s'occupent à dessiner quelque moulage antique,
placé sur un socle élevé ; la plus âgée, placée de trois quarts, a la tête
couverte d'une ample capeline ; dans la chevelure de l'autre, qui est
vue de profil et aussi sombrement vêtue, s'aperçoit un ruban de velours
ponceau ; sur le sol, des couleurs, et, dans l'angle de droite, une cruche
de grès et un livre ouvert.

Figures de petites proportions. Signé à gauche.

Haut., 45 cent.; larg., 38 cent.

186 — Après la descente de croix.

Sous la blanche clarté de la lumière lunaire, le corps ensanglanté
du Christ repose sur le sol ; deux vieillards entourent la sainte dépouille ;
l'un, aux cheveux et à la barbe blanches, s'est agenouillé ; il tend quelque
linge sur lequel l'autre verse lentement le baume qui doit panser les
divines blessures. Comme fond, un ciel d'orage qui va s'éclaircissant
un peu dans l'angle gauche du tableau.

Les figures sont de petites proportions. Signé à droite.

Haut., 55 cent.; larg., 46 cent.

187 — Descente de croix.

Lentement est descendu de la croix le corps du Sauveur sur lequel
se jouent les rayons d'une douce lumière. Deux hommes, montés sur
des échelles, soutiennent la poitrine et les bras de Notre-Seigneur,
tandis que deux autres restés à terre supportent le poids de son corps.
Un cinquième personnage, accroupi, étend sur le sol le linge destiné
à recevoir la sainte dépouille.

Les figures sont de petites proportions. Signé à droite.

Haut., 44 cent.; larg., 36 cent.

188 — L'Étude.

Encapuchonnée dans une ample mante de bure foncée, une vieille femme, assise dans un grand fauteuil, tient un lorgnon à la main. A sa droite, sur une table recouverte d'un tapis vert, une mappemonde et un vieux livre relié en veau brun; à droite, sur un escabeau, d'autres livres pareils et un encrier en grès rouge d'où sortent de longues plumes d'oie grisâtres.

Figure demi-nature environ. Signé à droite.

Haut., 72 cent.; larg., 58 cent.

189 — Le Braconnier.

A genoux, la tête grisonnante se détachant vivement sous le feutre brun, un chien à son côté, le fusil posé sur le bras, il tient dans ses mains quelques pièces du butin giboyeux étendu à terre : lièvre, lapin, pigeon ou volaille.

La figure est plus petite que nature. Signé à gauche.

Haut., 73 cent.; larg., 92 cent.

190 — La Consultation.

GRISAILLE.

Assise auprès d'une table sur laquelle des pots ébréchés et des linges sont rangés, une vieille femme, accoutrée de curieuse façon, la poitrine demi-nue, supporte un chat qui, la bouche béante, miaule lamentablement. De ses deux mains s'appuie sur elle une jeune femme, placée au second plan, dont le regard fixe avec intérêt la bête malade.

Figures grandeur nature. Signé à gauche.

Haut., 92 cent.; larg., 73 cent.

191 — Le Marmiton.

Tout de blanc vêtu, un jeune garçon, assis sur un escabeau, tourne lentement quelque sauce dont est emplie la tasse placée sur ses genoux. Sur le sol, une bouteille, et, près d'elle, une cigarette inachevée et encore fumante. Comme fond, à droite du tableau, dans la pénombre, un cuisinier penché sur ses casseroles de cuivre.

Figure demi-nature. Signé à gauche.

Haut., 83 cent.; larg., 51 cent.

192 — La Côtelette.

A gauche, sur un plat, des poissons, et, devant, deux oignons ; au milieu, une entrecôte crue est appuyée sur un pot de faïence brune ; le cadre coupe de vertes olives disséminées à droite de la toile.

Signé à droite.

Haut., 34 cent.; larg., 44 cent.

193 — La Prière.

Dans une chapelle aux murs gris, neuf petites orphelines, placées en file, par rangs de trois et ainsi vêtues : robes grises, collerettes blanches, coiffures noires ; celles plus voisines de l'autel sont agenouillées, les dernières debout ; elles ont leurs bras croisés sur la poitrine, ou leurs petites mains jointes, tandis que d'autres tiennent pieusement leurs livres de prières ; derrière elles, debout, une sœur de charité habillée de même façon que les fillettes. Au milieu de l'autel, vu de profil, à la gauche de la toile, une statue de la Vierge et de l'Enfant Jésus ; sur l'autel, une nappe brodée à jour et deux candélabres supportant des cierges allumés. Un encensoir en argent, un vase de faïence claire empli de fleurs variées sont placés sur les marches, et tout auprès un paroissien entr'ouvert. Sur la dalle, au premier plan et au milieu environ de la toile, un autre paroissien. Le mur porte cette inscription : *Regina virginum, ora pro nobis.*

Figures de petites proportions. Signé et daté : Ribot, 1862

Haut., 98 cent.; larg., 1 m. 30 cent.

194 — Le Bâton.

Enveloppée dans une large mante brune, la tête bien éclairée sous la capeline blanche, déjà vieille en dépit de ses cheveux encore noirs, une femme fermement s'appuie de ses deux mains sur le bâton qui lui sert de canne.

Figure grandeur nature. Signé à droite.

Haut., 71 cent.; larg., 57 cent.

195 — L'Homme à la houppelande.

On ne voit que son buste; sur ses épaules, une houppelande entr'ouverte laisse paraître la blancheur de la chemise; le masque, de trois quarts, se détache en lumière; les cheveux, les sourcils épais et la moustache sont gris; les traits sont délicats, l'œil vif et humide, toute l'expression spirituelle et fine.

Grandeur naturelle. Signé.

Haut., 73 cent.; larg., 57 cent.

196 — Le Cuisinier.

Habillé de blanc, il marche, tenant d'une main une volaille déplumée sur un plat de faïence, et de l'autre un gigot; à sa ceinture est appendu de travers un couteau; des pantoufles de lisière chaussent ses pieds nus.

Demi-nature. Signé.

Haut., 93 cent.; larg., 51 cent.

197   La Femme malade.

Une capeline brune bordée d'écarlate jetée sur la tête et les
épaules, un bandeau blanc encerclant le visage, elle est représentée à
mi-corps, la face en lumière.

Grandeur aux trois quarts nature. Signé dans le coin inférieur à droite.

Haut., 40 cent.; larg., 32 cent.

198   Jeune Fille.

Un rayon donne un relief énergique à la droite du visage, couronné de cheveux d'un blond cendré, durant que l'autre partie est à
demi noyée dans l'autre.

Grandeur naturelle. Signé dans le coin inférieur à droite.

Haut., 45 cent.; larg., 38 cent.

199   Après la descente de croix.

Au pied du Calvaire, le Christ est étendu; entre les bras d'une
vieille femme éplorée, la Vierge défaille, tandis que Madeleine, ses
cheveux blonds tombants et dénoués, panse les saintes blessures. Aux
derniers plans, des silhouettes de personnages se détachent sur un
ciel d'orage.

Figures de petites proportions. Signé.

Haut., 90 cent.; larg., 1 m. 50 cent.

6

200 — Le Bon Samaritain.

« Un homme descendait de Jérusalem à Jéricho ; il tomba entre les mains des voleurs qui le dépouillèrent et le laissèrent à demi mort. Un prêtre qui suivait le même chemin vit cet homme et passa outre ; un lévite, qui survint, le vit et passa de même. Mais un Samaritain qui suivait la même route fut ému de compassion : *s'approchant, il versa de l'huile et du vin sur ses plaies et les banda ; puis, le mettant sur son cheval, il le conduisit dans une hôtellerie et en prit soin...* » Ainsi dit la parabole de l'Évangile. C'est la première partie de la scène que le peintre a voulu retracer : un homme est étendu sur le sol, nu, pâle, exsangue, le front ceint d'un linge blanc. Le bon Samaritain s'est approché de lui et le soutient ; il est vêtu d'un ample manteau d'un grenat orangé, et porte sur la tête un bonnet rouge et gris ; plus loin, en dehors du centre de l'action sur lequel vibre un vif rayon, un cheval tourne la tête pour voir, et, à droite, un homme s'apprête à passer quelque fiole au bon Samaritain.

Figures de petites proportions. Signé.

201 — Vigneronne.

C'est une vigneronne dont le visage vivement éclairé est posé de trois quarts ; les épaules sont enveloppées d'une mante de bure brune et une étoffe noire dissimule sa chevelure.

Grandeur naturelle. Signé dans le coin inférieur à droite.

Haut., 46 cent ; larg., 38 cent.

202 — Même sujet.

Les proportions ne sont plus celles de la nature, mais de beaucoup moindres. La vigneronne a le visage tourné plus de face et, dans la pénombre, sa main droite s'aperçoit.

Demi-nature. Signé dans le coin inférieur à droite.

Haut., 46 cent.; larg., 38 cent.

2o3   Berger breton.

Droit, en buste, le corps couvert et la tête encapuchonnée d'un
froc en bure gris clair, son visage bistré se profile sur le fond sombre.

Aux deux tiers de la nature. Signé dans le coin intérieur à droite.

Haut., 45 cent.; larg., 31 cent.

2o4 — La Brouette.

Dans un jardin, à l'ombre d'une masure, derrière une brouette
sur laquelle le soleil darde un rayon éclatant, une vieille paysanne, la
tête coiffée d'un bonnet de coton blanc, s'absorbe dans un travail de
couture.

La figure est de très petites proportions. Signé dans le coin inférieur à gauche.

Haut., 21 cent.; larg., 26 cent.

2o5 — La Plumeuse.

Une cornette sur la tête, un fichu bleu croisé sur la poitrine,
habillée d'une jupe grisâtre, elle est assise et tient sur ses genoux une
volaille au blanc plumage.

Figure de petites proportions. Signé dans le coin intérieur à droite.

Haut., 27 cent.; larg., 20 cent.

206 -- Deux Bretonnes.

Sur une même toile, deux têtes vues de face. Celle de droite offre à la pleine lumière le visage rose et blanc, grave et sérieux, d'une femme que la cinquantaine va bientôt atteindre. Celle de gauche, tout enveloppée dans un demi-jour gris, montre les traits espiègles et rieurs d'une fillette gentillement encapuchonnée dans une cornette blanche.

Grandeur demi-nature environ. Signé dans le coin inférieur à droite.

Haut., 22 cent.; larg., 32 cent.

207 — Colombes.

Au premier plan, une prairie de gazon vert limitée par une route; de l'autre côté de cette route, des enclos, des murs et des maisons de campagne peu élevées, à toits de tuiles rouges; derrière, un rideau d'arbres, et dans le fond, à droite, la silhouette de collines éloignées.

Signé dans le coin inférieur à droite.

Haut., 55 cent.; larg., 75 cent.

208 --- Le Patron de l' « Hélène ».

Il est figuré en buste, le corps dans l'ombre. Un coup de lumière détaille le modelé du visage hâlé, bistré, les saillies et les dépressions, l'enchâssement profond de l'œil bleu sous l'orbite, les paupières tombantes, le nez droit, les lèvres minces, les moustaches et la barbe blondes.

Grandeur naturelle. Signé dans le coin inférieur à droite.

Haut., 75 cent.; larg., 60 cent.

209   A la cuisine.

Sur le réchaud d'un fourneau de cuisine deux casseroles sont
posées, l'une de faïence à extérieur rose mat, à intérieur brun ver-
nissé; l'autre de fonte noirâtre; elles sont éclairées par le jour frisant
d'une fenêtre que le cadre vient couper à droite dans la hauteur du
tableau; du même côté, l'angle d'une pierre à évier.

Haut., 32 cent.; larg., 20 cent.

210 — La Fluxion.

C'est seulement un visage de jeune fille entouré d'un bandeau et
d'un fichu noir; la lumière éclaire la joue droite qu'une fluxion a
grossie, déformée.

Figure trois quarts nature. Signé dans le coin inférieur à gauche.

Haut., 30 cent.; larg., 21 cent.

211 — La Fileuse.

Elle est assise dans l'intérieur d'une chaumière où se voient ci et
là une rustique chaise d'enfant, un baquet de bois, des pelles, des
bêches, des paniers et des linges suspendus; pendant qu'elle dévide
sa quenouille, un petit enfant en bonnet blanc, assis sur le sol, les
jambes glissées sous un tabouret, s'amuse à quelque jeu.

Figure de très petites proportions. Signé dans le coin inférieur à gauche.

Haut., 32 cent.; larg., 25 cent.

212 — Femme debout.

Vue à profil perdu, debout, la main droite dans la poche, une femme, la tête couverte d'un fichu noir, une cravate rouge nouée sous le menton, un tablier enlevant vivement sa blancheur sur les vêtements foncés ; corsage brun, jupe verdâtre.

Figure de très petites proportions. Signé dans le coin inférieur à droite.

Haut., 36 cent.; larg., 24 cent.

213 — Le Travail.

Assise, de profil, la tête coiffée d'une cornette blanche, elle tricote, tandis qu'en face d'elle une autre femme, pareillement assise, la regarde.

Figures de petites proportions. Signé dans le coin inférieur à droite.

Haut., 26 cent.; larg., 33 cent.

214 — Ébauche.

Dans la pénombre se détachent, éclairés d'un seul côté, les visages d'un groupe de personnages en mouvement.

Figures de très petites proportions.

Haut., 12 cent.; larg., 18 cent.

215 — Devant la chaumière.

Sur le seuil ouvert d'une chaumière adossée contre un bois aux
frondaisons verdoyantes et sise dans un enclos gazonné, une femme en
bonnet blanc et fichu rouge s'occupe à ravauder, durant que devant
elle, au premier plan, sèchent sur une palissade des linges de toutes
couleurs, noirs, rouges, bleus, blancs.

Figure de très petites proportions. Signé dans le coin inférieur à droite.

Haut., 21 cent.; larg., 26 cent.

216 — Le Lorgnon.

Sur le fond sombre, se dessine le profil d'une femme vue à mi-corps,
la tête enveloppée d'un fichu noir dont les extrémités viennent se
nouer sous le menton ; malgré le lorgnon placé devant ses yeux, plutôt
que lire elle semble s'abstraire en elle-même et méditer.

Figure de petites proportions. Signé dans le coin inférieur à gauche.

Haut., 24 cent.; larg., 19 cent.

217 — Près du village.

Groupées au milieu de jardins verdoyants, des maisons de village
à toitures basses, avec une église au clocher pointu, recouvert d'ardoise ;
puis, à droite, de hauts peupliers et un bouquet d'arbres. Ciel clair.

Signé dans le coin inférieur à droite.

Haut., 15 cent.; larg., 27 cent.

218 — Le Village.

C'est le même site vu de plus près; la bordure coupe alors, près
de la toiture ou à mi-hauteur de la construction, les maisons placées
au premier plan.

Signé dans le coin inférieur à gauche.

Haut., 18 cent.; larg., 23 cent.

219   Épaves.

Tout devant, un cadavre nu, étendu en pleine lumière, et, plus
loin, un autre cadavre, dont la silhouette se dessine à peine dans
l'obscurité.

Figure de très petites proportions. Signé dans le coin inférieur à gauche.

Haut., 17 cent.; larg., 35 cent.

220   Le Grand-père.

Espièglement un enfant s'amuse à promener un pinceau sur la
panse d'une cruche de terre que tient entre ses jambes demi-nues un
vieillard assis, à longue barbe et chevelure blanche, la tête ceinte
d'un foulard clair et couverte d'un feutre à larges bords.

221 — Les Petits Cuisiniers.

Assis sur de bas escabeaux en bois, trois jeunes marmitons, de
blanc habillés et coiffés, tiennent sur leurs genoux des volailles qu'ils
plument; un, isolé à la droite du tableau, est vu de dos, tandis que,
près d'un amas de duvet voletant, deux autres, placés face à face,
celui-ci de profil, le second de trois quarts, semblent converser; debout,
derrière ce couple, un quatrième marmiton suspend à la muraille deux
volailles déplumées; à gauche, le fond montre par une baie, dans une
pièce éclairée de côté par une haute fenêtre, la silhouette estompée
de deux cuisiniers, droits devant des fourneaux et des casseroles de
cuivre.

Signé dans le bas et à droite : T. Ribot, 1862.

222 — A l'office.

A terre, des œufs cuits sur un plat de faïence brune vernissée et
prêts à être mangés comme l'atteste le couteau à manche de bois qui
déjà les partage; derrière, une cruche de même ton que le plat, puis
en continuant vers la gauche, un bidon en grès beige à deux anses,
des cerises rouges, une gousse d'ail, un chou vert.

Signé dans le coin à gauche.

Haut., 52 cent., larg., 92 cent.

223 — Le Bandit aiguisant son épée.

Vu de profil, assis, la chemise rabattue sur l'avant-bras, le torse
au vivement éclairé, un bandit, à chevelure noire et à épaisses moustaches, de ses doigts étendus frotte sur la pierre une épée dont le
fourreau, appendu à la ceinture, laisse scintiller dans la pénombre
l'extrémité d'une garniture de métal.

Figure au cinquième de nature environ. Signé dans l'angle et à gauche.

Haut., 38 cent.; larg., 46 cent.

7

224 — Intérieur.

Coiffée d'un fichu brun, habillée d'une robe grise et d'un tablier
bleu, une femme, assise dans le milieu d'une chambre, s'occupe à
raccommoder quelque linge étendu sur ses genoux croisés. A ses côtés
à terre, un chat, un panier de ravaudage et, au premier plan, devant
un tabouret carré, un enfant regardant un petit bateau rouge posé
sur une assiette. Sur le mur gris, des vêtements et un chapeau de
paille à larges bords sont appendus ; à droite, à l'extrême limite de la
toile, des pincettes et un poêle rond en fonte cerclé de cuivre, laissant
voir par le tiroir entr'ouvert des tisons rouges, incandescents ; de ce
poêle le corps monte et atteint jusqu'au bord supérieur de la toile.

Figures de petites proportions. Signé dans le coin et à droite.

Haut., 50 cent.; larg., 40 cent.

225   Les Cuisiniers.

Ils sont trois. Deux au second plan, qu'on voit, l'un de profil,
l'autre de trois quarts, par l'embrasure d'une porte ouverte ; ils s'occupent, dans une office sombre, à ranger sur un dressoir des terrines
de faïence, des pots et cruches de grès et sont habillés et coiffés de
blanc ; pareillement vêtu est le troisième, placé sur le devant du
tableau, prêt à descendre à la cave, et tenant dans une main un
flambeau de cuivre allumé et, dans l'autre, une bouteille et une clef.

Figures de petites proportions. Signé dans le coin à droite.

Haut., 40 cent.; larg., 34 cent.

226 — Le Concert.

Autour d'un demi-tonneau, posé à terre en manière de table, un groupe est assis sur des bancs de bois. Sur le devant du tableau, un musicien se voit, les jambes étendues, très caractéristique avec son épaisse chevelure et ses fortes moustaches noires, une ample cape brune jetée sur l'épaule et laissant paraître un pourpoint noir, un pantalon gris lié au-dessus de la cheville par une courroie de cuir; il joue de la mandoline tandis que, derrière lui, une fillette en gris et un jeune homme en vêtement vert et gilet noir, coiffé d'une toque à plume grisâtre, chantent la bouche grande ouverte, et que, au dernier plan, un autre jeune homme, habillé de rouge, un feutre gris sur la tête, chante également, les yeux fixés sur le morceau de musique qu'il tient à la main. Sur le sol, à gauche, une cruche de grès rougeâtre et, tout près, un livre à couverture de parchemin racorni; à droite, un gobelet de métal.

Figures de petites proportions. Signé dans le coin et à droite.

Haut., 72 cent.; larg., 60 cent.

227   Le Poulailler.

Sur la paille d'un poulailler que jonchent quelques feuilles, un coq au blanc plumage et à la crête écarlate, s'avance non sans arrogance, tandis que tout près le regardent, occupées à couver, deux poules, l'une grise, l'autre blanche, et deux autres encore, placées au fond du tableau et dont les têtes s'aperçoivent seulement dans la pénombre.

Signé dans le coin et à droite.

Haut., 55 cent.; larg., 87 cent.

227 bis — L'Aveugle.

Appartient à M. E. Oppenheim.

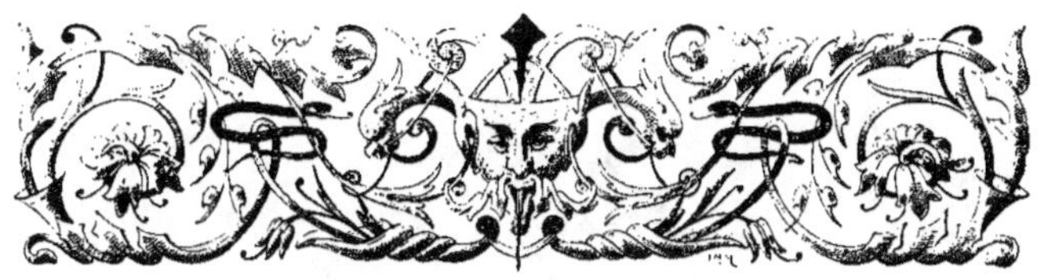

AQUARELLES ET DESSINS

236 — Causerie.

237 — Un Peintre.

238 — Solitude.

239 — Les Vendanges.

240 — Ouvrière.

241 — Une Brestoise.

242 — Une Chanteuse.

243 — Traduction.

244 — Une Leçon.

245 — Un Vieillard.

246 — Vieille Femme.

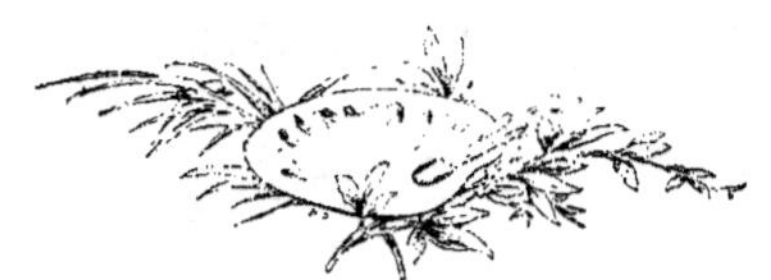

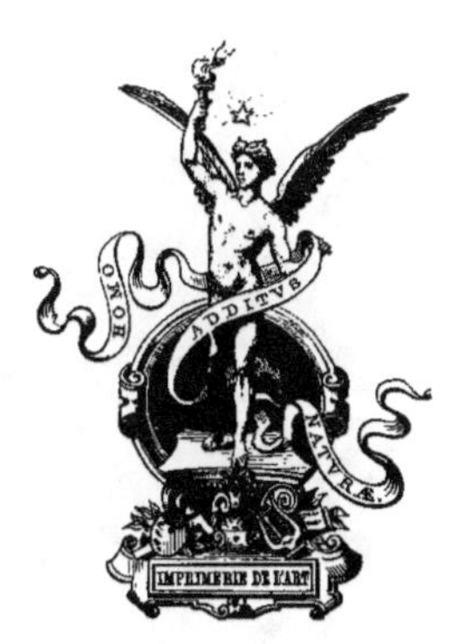
HOMO
ADDITVS
NATVRÆ
IMPRIMERIE DE L'ART